Made in the USA
Las Vegas, NV
01 April 2023

69999415R20070